G

19703

BIBLIOTHÈQUE PORTATIVE

DES VOYAGES.

TOME XVIII.

BIBLIOTHÈQUE PORTATIVE

DES VOYAGES,

TRADUITE DE L'ANGLAIS

Par MM. HENRY et BRETON.

TOME XVIII.

~~~~~~

ATLAS DU PREMIER VOYAGE DE COOK.

~~~~~~

PARIS,

Chez M.me V.e LEPETIT, Libraire, rue Pavée-Saint-André-des-Arcs, N.o 2.

1817.

CARTE

de la partie de la

MER DU SUD

contenant la Découverte des Vaisseaux de l'a
ligure, le dauphin commandée Byron, & Tamar, sepa
douze 1765 le Dauphin depuis Wallis, le Swallow
depuis Cartéret, & en 1768 l'Endeavour Lieut.
Cook, 1769.

CHINE

LES PHILIPPINES

NOUVELLE HOLLANDE

NOUVELLE ZELANDE

Route du Cook

AMERIQUE MERIDIONALE

Degré de longitude Ouest compté du Méridien de Greenwich.

1er Atlas

Entrevue avec les Patagons.

Pl. 7.

7.ᵉ Atlas

Breton, direxᵗ

Pl. 3.

Attaque contre le Dauphin.

Pl. 3

Réception du Capitaine Wallis.

Breton Direxit

1er Atlas

Pl. 4.

Indiens de la terre de feu.

Brion sculp.

Pl. 5.

Baie des Matavai

Pl. 6.

Branche d'Arbre à pain.

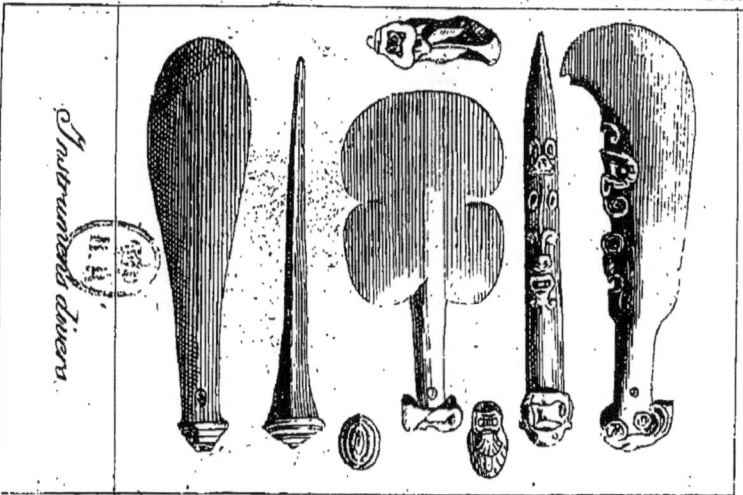

1.er Atlas

Pl. 21.

Instrumens divers.

Brion Direxit

Pl. 7.

Vue d'Otahiti.

Brion direxit

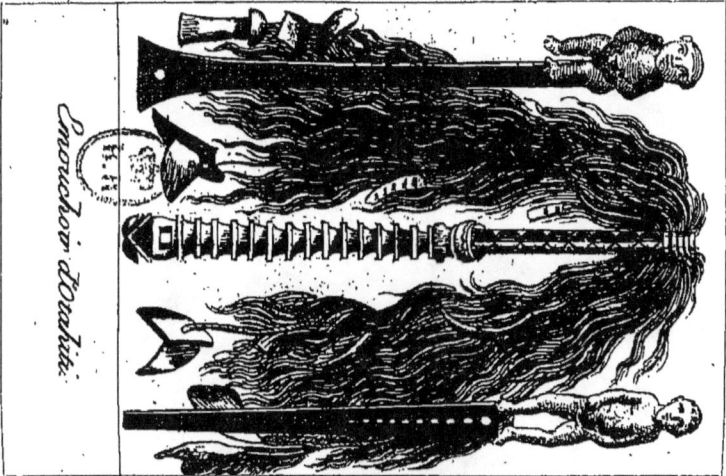

Pl. 9.

Emouchoir d'Otahiti.

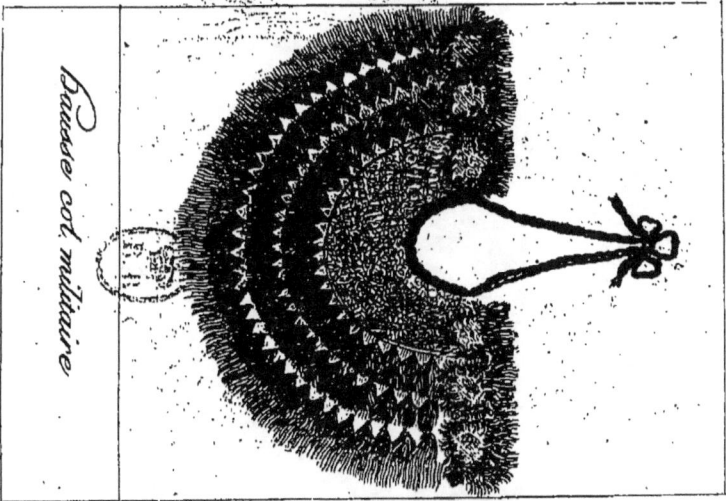

Pirosse col militaire

Pl. 8.

Brion Direxit

Pl. 71.

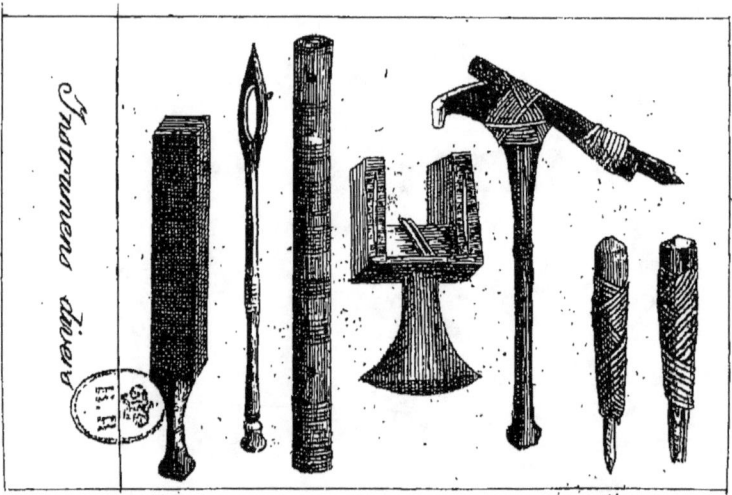

Instrumens divers

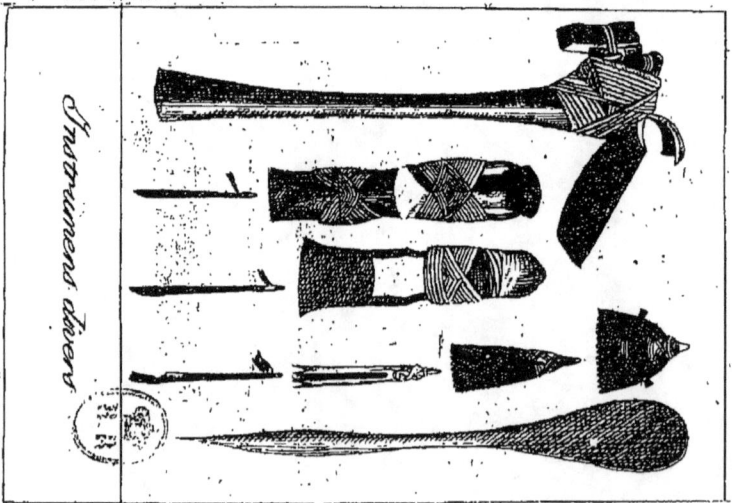

Instrumens divers

Pl. 70.

Capositions des monts.

pl. 79.

7.º Atlas.

Bruno Durand

Cimetière de Piéabeine

Pl. 78.

7.e Atlas.

Ile d'Ithéa.

Pl. 74.

Intérieur d'une exécution d'Uléiéti.

Pl. 75.

Pl. 76.

Vue d'un Rocher troué.

Bram Direxit.

1.er Atlas.

Pl. 17.

Village fortifié sur un rocher à vue

Bron. Dessiné.

Pl. 78.

Guerrier de la nouvelle Zelande

1.ᵉʳ Atlas

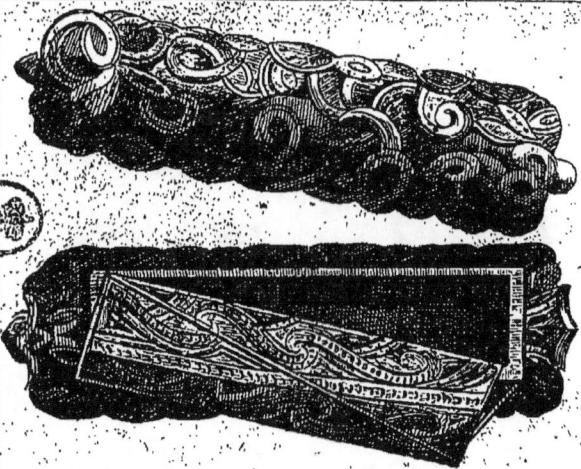

Coffre sculpté

Brion Direxit

Pl. 79.

Pl. 20.

Pirogue de Guerre, de la nouvelle Zélande.

Bum, dirext.

Pl. 22.

Rivière d'Endeavour.

Kanguroo

Pl. 98.

7.e Atlas